Livros de colorir para adultos vol. 3

40 desenhos relaxantes e que aliviam o estresse

Série de livros de colorir para adultos da

www.ColoringCraze.com

ISBN-13: 978-83-67658-91-1
Edição: 4

Teste as suas cores aqui

Misture as suas cores aqui

MISTURAR

MISTURAR

MISTURAR

MISTURAR

MISTURAR

MISTURAR

MISTURAR

MISTURAR

MISTURAR

Teste as suas cores aqui

Misture as suas cores aqui

MISTURAR MISTURAR MISTURAR

MISTURAR MISTURAR MISTURAR

MISTURAR MISTURAR MISTURAR

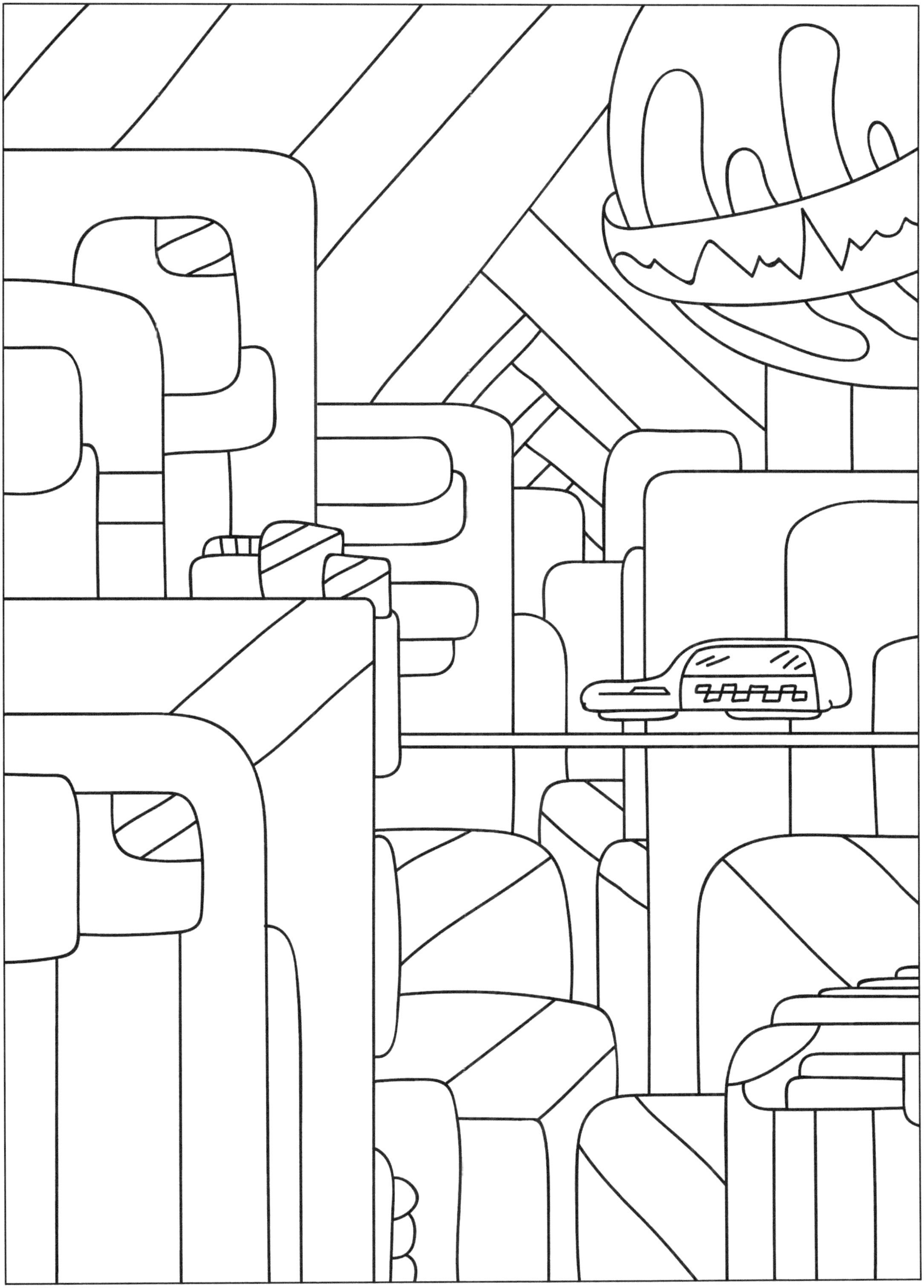

DO AUTOR

Obrigado por colorir o nosso livro!
Espero que tenha sido uma experiência relaxante e você tenha se divertido bastante.

Gostaria de pedir um *pequeno* favor. As avaliações dos livros são muito importantes para os outros entusiastas que, assim como você, gostam de colorir. Caso tenha um minuto, peço a gentileza de que deixe um comentário sobre o nosso livro aqui:
www.coloringcraze.com/**avaliacao3**

Isso ajudará os clientes a tomar uma decisão e seu feedback será inestimável para os nossos ilustradores ☺

Todos os nossos livros estão disponíveis aqui: www.coloringcraze.com/**todos-livros**

Obrigado!

www.ingramcontent.com/pod-product-compliance
Lightning Source LLC
LaVergne TN
LVHW060414200726
843506LV00007B/433
* 9 7 8 8 3 6 7 6 5 8 9 1 1 *